MEU Diário

SEGREDOS com JESUS

Ciranda Cultural

MEU nome é

_____.

HOJE É DIA

____ de _____ de _____

Tenho ____ anos e minha **altura atual é** ____ m.

Hoje estou me sentindo:

☐ alegre ☐ triste

porque _____
_____.

Todo mundo tem uma história, e ela **começa** quando **nascemos**.

A minha é assim:

_____
_____
_____
_____
_____
_____
_____

Eu nasci no dia ____ de _____

de _____, na cidade de _____.

A História do Nascimento de Jesus

Maria era uma jovem que morava na Galileia. Ela era noiva de José, um carpinteiro. Deus sabia que eles eram pessoas especiais e, por isso, foram escolhidos para uma missão muito importante.

Certo dia, um anjo chamado Gabriel apareceu para Maria, e ela ficou muito assustada com aquela aparição.

O anjo, porém, disse:

— Que a paz esteja com você, Maria. Não tenha medo, o Senhor está contigo! Ele me mandou para lhe falar sobre a sua missão. Você ficará grávida de um menino, o Filho de Deus, e dará a ele o nome de Jesus.

— Mas como isso será possível, se ainda não sou casada? — perguntou a jovem.

— O Espírito Santo descerá sobre você — respondeu o anjo Gabriel.

Maria ficou bastante surpresa, mas contente com a missão que Deus havia lhe confiado.

— Sou uma serva de Deus. Que se faça a Sua vontade.

O anjo Gabriel foi embora, com a certeza de que Maria seria a mãe do Filho de Deus.

Na época em que Maria estava grávida, ela e José moravam em Nazaré, mas tiveram que fazer uma longa viagem para Belém. Isso porque o imperador romano César Augusto, que dominava a região em que Maria e José moravam, decretou que todos os habitantes deveriam registrar-se em sua cidade de origem.

José, que havia nascido em Belém, teve que partir com sua família. Maria já estava em estado avançado de gravidez, mas acompanhou seu marido, pois ela também deveria se registrar em Belém.

Estando José e Maria em Belém, não acharam onde passar a noite e foram acolhidos no estábulo de uma hospedaria. Junto aos animais, eles se acomodaram.

Naquela noite, Maria deu à luz o menino Jesus. Ela enrolou o bebê em panos e o colocou em uma manjedoura, o mesmo lugar onde é colocada a comida dos animais. Assim, cercado de simplicidade e muito carinho, o menino Jesus veio ao mundo.

COISAS SOBRE MIM
que todo mundo sabe

Meu apelido é: _____

A cor dos meus olhos é: _____

Meus cabelos são

☐ LOIROS ☐ RUIVOS ☐ CASTANHOS ☐ COLORIDOS ☐ PRETOS

Minha comida preferida é:
_____

Gosto muito de:
_____

SEGREDOS que eu não conto para ninguém, mas DEUS CONHECE!

Na escola estou SEMPRE ♥ com

{foto}

A aula de que mais gosto é:

_____ , porque
_____

O que mais gosto de fazer na escola é:

_____
_____

Um dia muito especial na escola foi quando:

_____
_____

JESUS é meu AMIGO!

Ele está comigo quando: _____
_____
_____

_____
_____
_____

_____
_____
_____

> "Já não os chamo servos, porque o servo não sabe o que o seu senhor faz. Em vez disso, eu os tenho chamado amigos, porque tudo o que ouvi de meu Pai eu lhes tornei conhecido."
>
> João 15:15

Depois do dilúvio, Noé e os animais

saíram da arca felizes por terem sido protegidos por Deus. Então, Noé louvou ao Senhor alegremente.

Quando estou feliz, louvo a Deus cantando assim:

_____
_____
_____
_____
_____
_____

> **"** Senhor, Senhor nosso, como é majestoso o Teu nome em toda a terra! **"**
> Salmos 8:9

O QUE ME FAZ SENTIR

 CORAGEM

_____
_____

 ALEGRIA

_____
_____
_____

 MEDO

_____
_____
_____

TRISTEZA

_____
_____
_____

UM DIA feliz FOI QUANDO

UM DIA *triste* FOI QUANDO

_____
_____
_____
_____
_____
_____
_____

> "Para tudo há uma ocasião e um tempo para cada propósito debaixo do céu: tempo de nascer e tempo de morrer, tempo de plantar e tempo de arrancar o que se plantou, tempo de matar e tempo de curar, tempo de derrubar e tempo de construir, tempo de chorar e tempo de rir, tempo de prantear e tempo de dançar."
>
> Eclesiastes 3:1-4

JOSÉ e seus IRMÃOS

Jacó vivia em Canaã com seus 12 filhos, entre eles José, o preferido. Certo dia, Jacó deu uma linda túnica colorida a José e, por causa disso, seus irmãos ficaram muito enciumados.

Certa vez, José sonhou que um dia seus irmãos e seus pais se curvariam diante dele. Isso deixou seus irmãos com mais raiva ainda.

Um dia, quando José foi para o campo a pedido de seu pai, para ter notícias de seus irmãos, eles decidiram livrar-se dele. Rúben, no entanto, não concordou e, pretendendo salvar José depois, fez com que seus irmãos apenas o jogassem no poço. Mas antes que Rúben pudesse ajudar o irmão, os outros filhos de Jacó venderam José para um grupo de homens que ia para o Egito.

Muito ardilosos, os irmãos de José molharam sua túnica em sangue e convenceram Jacó de que seu filho preferido havia morrido, devido ao ataque de uma fera, deixando o gentil homem muito triste.

Depois de ser levado para o Egito, José foi preso, mas depois honrado pelo faraó, que enxergou a sabedoria de Deus no jovem. Assim, José tornou-se um homem muito poderoso no Egito e teve a oportunidade de reencontrar seus irmãos. Quando os irmãos souberam quem José havia se tornado, ficaram com medo, mas José os perdoou e se alegrou por poder encontrar seu pai novamente.

ATITUDES de outras pessoas que já me deixaram TRISTE

Pessoas que me chatearam e eu perdoei:

▶ _____   ▶ _____
▶ _____   ▶ _____

O que eu vejo ao meu redor que me deixa triste:
_____
_____
_____

O que eu posso fazer para ajudar o mundo ao meu redor:
_____
_____
_____

O que eu vejo acontecer que me deixa feliz:
_____
_____
_____

> "Pois se perdoarem as ofensas uns dos outros, o Pai Celestial também lhes perdoará."
>
> Mateus 6:14

JESUS foi um exemplo DE BONDADE E AMOR

O que faço para demonstrar o amor que sinto...

... pela minha família
_____
_____
_____

... pelos meus amigos
_____
_____
_____

... por Deus
_____
_____
_____

> "O amor não pratica o mal contra o próximo. Portanto, o amor é o cumprimento da lei."
> Romanos 13:10

DEUS é AMOR!

Como sinto o amor de Deus

- quando Deus ouve a minha oração
- quando agradeço a Deus por ter um lar
- quando agradeço pelo alimento
- quando canto louvores a Deus
- _____
- _____
- _____
- _____

O PAI-nosso

Pai nosso, que estás nos céus! Santificado seja o Teu nome.

Venha o Teu Reino; seja feita a Tua vontade, assim na terra como no céu.

Dá-nos hoje o nosso pão de cada dia.

Perdoa as nossas dívidas, assim como perdoamos aos nossos devedores.

E não nos deixes cair em tentação, mas livra-nos do mal, porque Teu é o Reino, o poder e a glória para sempre. Amém!

Mateus 6:9-13

EM MINHAS ORAÇÕES A DEUS, EU PEÇO...

_____
_____
_____
_____
_____

MAS TAMBÉM AGRADEÇO POR...

_____
_____
_____
_____
_____

MOMENTOS *inesquecíveis* QUE VIVI LONGE da minha família

O BOM samaritano

Jesus falava com algumas pessoas quando um doutor da lei perguntou:
— Nós devemos amar ao próximo, mas quem é o meu próximo?
Então Jesus lhe contou uma história:
— Um homem ia para Jericó, quando bandidos o atacaram e o largaram muito ferido na estrada. Um sacerdote passou por lá, viu o homem e passou pelo outro

lado. Em seguida, um levita passou por ali e também seguiu caminho. Por fim, um samaritano viu o homem, cuidou de suas feridas e o levou para uma hospedaria. No dia seguinte, o samaritano foi embora, mas antes deu dinheiro ao hospedeiro e pediu-lhe que cuidasse do homem. Qual dos três você acha que foi o próximo do homem ferido?

— Aquele que teve misericórdia — respondeu o doutor da lei.

— Agora vá e faça o mesmo — Jesus lhe disse.

QUANDO CONTOU A HISTÓRIA DO BOM SAMARITANO,

Jesus mostrou

COMO É IMPORTANTE AJUDAR AS PESSOAS.

Jesus ensinou sobre o amor ao próximo!

Outros valores que aprendi com Jesus:

- Bondade
- _____
- _____
- _____
- _____

- Humildade
- _____
- _____
- _____
- _____

- Respeito
- _____
- _____
- _____

> "Certamente que a bondade e a misericórdia me seguirão todos os dias da minha vida; e habitarei na casa do Senhor por longos dias."
>
> Salmos 23:6

OUTRO DIA, exercitei a

Eu...
_____
_____
_____
_____
_____
_____
_____
_____
_____
_____
_____

O passeio mais incrível que já fiz

Quando?
_____

Com quem?
_____

Chegamos até lá:

☐ de ônibus ☐ a pé ☐ de carro ☐ de avião ☐ outro: _____

O que aconteceu lá:
_____
_____
_____

ACIDENTES ACONTECEM!

Recordações **não muito boas** que tenho de alguns passeios que já fiz.

Onde eu estava:
_____

Com quem eu estava:
_____

O que aconteceu:
_____
_____

Onde eu estava:
_____

Com quem eu estava:
_____

O que aconteceu:
_____
_____

Samuel OUVE a voz de DEUS

Havia uma mulher chamada Ana, que era muito obediente a Deus. Seu maior sonho era ter um filho, mas ela não conseguia engravidar. Deus cumpriu o desejo de Ana e lhe deu um filho, que ela chamou de Samuel. Ana prometeu a Deus que seu filho serviria a Ele e, quando o garoto cresceu um pouco, foi mandado para o templo a fim de ajudar o sacerdote Eli.

O menino Samuel aprendia sobre a palavra de Deus com Eli até que, certa noite, ele estava deitado na cama, quando ouviu uma voz o chamar:

— Samuel, Samuel!

O garoto pensou que fosse o sacerdote que o estivesse chamando, mas Eli negou. E, mais uma vez, a voz chamou por Samuel. Novamente o sacerdote disse que não era ele quem falava. O fato aconteceu pela terceira vez, até que Eli percebeu que Deus estava tentando falar com Samuel e o orientou:

— Volte para sua cama e se Ele chamar você outra vez, diga: "Fala, ó Senhor, pois o Teu servo está escutando".

O menino fez como seu mestre havia explicado, e Deus foi novamente falar com ele. Samuel escutou tudo o que o Senhor tinha para falar e, tempos depois, tornou-se um profeta de Deus.

EXISTEM MUITAS PROFISSÕES

Estas são algumas que acho muito interessantes

1. _____
2. _____
3. _____
4. _____
5. _____

ESTA É A PROFISSÃO QUE EU GOSTARIA DE SEGUIR

▶ _____

Hoje eu acho que estas profissões não têm Nada a ver comigo:

1. _____ porque
_____.

2. _____ porque
_____.

3. _____ porque
_____.

Estas pessoas
fazem coisas que eu acho demais

_____
_____
_____

Viagem no tempo

Imaginando o meu futuro, eu desejo me tornar uma pessoa com as seguintes qualidades:

- honestidade
- simpatia
- bondade
- sabedoria
- companheirismo
- confiabilidade
- generosidade
- pontualidade
- humildade
- prudência
- responsabilidade
- sinceridade

Hoje, olhando para mim, eu sou:
_____
_____
_____

Estas características eu não desejo ter

- arrogância
- ciúme
- covardia
- crueldade
- impaciência
- injustiça
- intolerância
- rancor
- impulsividade
- preconceito
- preguiça
- orgulho

> Portanto, como povo escolhido de Deus, santo e amado, revistam-se de profunda compaixão, bondade, humildade, mansidão e paciência.
>
> Colossenses 3:12

Músicas
QUE NÃO SAEM
dos meus ouvidos

Quem canta/toca: _____
O nome da canção é: _____
O trecho favorito é: _____
_____

Quem canta/toca: _____
O nome da canção é: _____
O trecho favorito é: _____
_____

Cânticos
QUE CANTO OU TOCO
para louvar a Deus

- _____
- _____
- _____
- _____

" Tudo o que tem vida louve o Senhor! Aleluia! **"**
Salmos 150:6

O que eu faria se...

ME TORNASSE PRESIDENTE...

_____
_____
_____
_____

GANHASSE 1 MILHÃO DE REAIS...

_____
_____
_____
_____

tivesse o poder de realizar o desejo de duas pessoas...

_____
_____
_____
_____
_____

pudesse voltar no tempo....

_____
_____
_____
_____

pudesse viajar para o futuro...

_____
_____
_____

Querido diário, hoje...

Daqui a alguns anos, voltarei a ler **este diário** e vou me lembrar exatamente de **como eu era**. Por isso, quero dizer **para meu eu do futuro:**

_____

_____

_____

_____

_____

_____

Agradeço a Deus por ter me abençoado até agora.

Senhor, esteja sempre comigo, guarda meus caminhos e me proteja. Em nome de Jesus. Amém!